CTIM

Construcción de casas pequeñas

Componer y descomponer figuras

Georgia Beth

Asesora

Lorrie McConnell, M.A.
Especialista de capacitación profesional TK–12
Moreno Valley USD, CA

Créditos de publicación

Rachelle Cracchiolo, M.S.Ed., *Editora comercial*
Conni Medina, M.A.Ed., *Gerente editorial*
Dona Herweck Rice, *Realizadora de la serie*
Emily R. Smith, M.A.Ed., *Realizadora de la serie*
Diana Kenney, M.A.Ed., NBCT, *Directora de contenido*
June Kikuchi, *Directora de contenido*
Caroline Gasca, M.S.Ed., *Editora superior*
Stacy Monsman, M.A., *Editora*
Michelle Jovin, M.A., *Editora asociada*
Sam Morales, M.A., *Editor asociado*
Fabiola Sepúlveda, *Diseñadora gráfica*
Jill Malcolm, *Diseñadora gráfica básica*

Créditos de imágenes: portada, pág.1 Nadine Mitchell/Alamy; contraportada
Paul Moseley/MCT/Newscom; pág.5 ZCHE/New Frontier Tiny Homes/Proveído
por WENN/Newscom; pág.7 Tiny House Expedition/Rex Shutterstock; pág.8 Paul
Moseley/Star-Telegram via AP; pág.14 Kenneth K. Lam/MCT/Newscom; pág.16
ZCHE/New Frontier Tiny Homes/Proveído por WENN/Newscom; pág.17 Benjamin
Benschneider/MCT/Newscom; págs.18–19 Nikola Nastasic; págs.20, 21 ZCHD/
Proveído por WENN/Newscom; págs.24–25 Foto por James Alfred Photography,
cortesía de Mint Tiny House Company; pág.27 Paul Zinken/picture-alliance/dpa/
AP Images; pág.29 Kuimet/Newscom; todas las demás imágenes de iStock y/o
Shutterstock.

Library of Congress Cataloging-in-Publication Data

Names: Beth, Georgia, author.
Title: CTIM. Construcci?on de casas pequenas : componer y descomponer figuras
/ Georgia Beth.
Other titles: STEM. Building tiny houses. Spanish
Description: Huntington Beach : Teacher Created Materials, 2018. | Audience:
Age 8. | Audience: K to Grade 3. |
Identifiers: LCCN 2018007628 (print) | LCCN 2018008201 (ebook) | ISBN
9781425823375 (ebook) | ISBN 9781425828752 (pbk.)
Subjects: LCSH: Architecture--Composition, proportion, etc.--Juvenile
literature. | Small houses--Juvenile literature.
Classification: LCC NA2760 (ebook) | LCC NA2760 .B4518 2018 (print) | DDC
728--dc23
LC record available at https://lccn.loc.gov/2018007628

Teacher Created Materials

5301 Oceanus Drive
Huntington Beach, CA 92649-1030
www.tcmpub.com

ISBN 978-1-4258-2875-2

© 2019 Teacher Created Materials, Inc.
Printed in China
Nordica.072018.CA21800713

Contenido

Hogar dulce hogar

Las personas dicen que el hogar es donde está el corazón. Eso significa que no necesitan una casa grande si viven con las personas que aman. De hecho, a algunas personas les gusta vivir en casas pequeñas. Una casa pequeña parece una casa común. Pero es mucho más pequeña. La mayoría de las casas pequeñas tienen menos de 20 pies (6 metros) de largo. ¡Eso es más o menos el tamaño de un cuarto de estar grande! Puede parecer diminuta, pero los dueños de casas pequeñas se sienten en casa en estos espacios reducidos.

casa pequeña

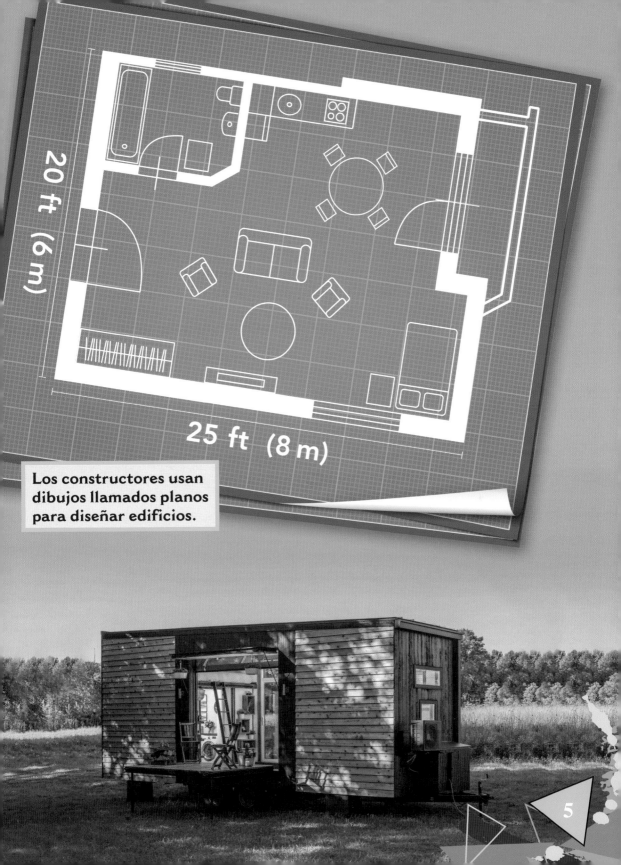

20 ft (6 m)

25 ft (8 m)

Los constructores usan dibujos llamados planos para diseñar edificios.

Casa pequeña, gran idea

Vivir en una casa pequeña les da a las personas la oportunidad de llevar una gran vida. Las casas pequeñas cuestan menos. También producen menos **residuos**. Así que los dueños de casas pequeñas pueden vivir donde la tierra cuesta más. Muchos eligen vivir cerca de la naturaleza. Otros usan su dinero para viajar. ¡Algunos hasta llevan sus casas con ellos!

Algunos dueños de casas pequeñas eligen vivir junto al océano.

En esta casa pequeña pueden dormir hasta ocho personas.

Construir lo básico

Las personas ahorran dinero al comprar casas pequeñas. Pueden ahorrar mucho más si construyen su propia casa.

Al construir sus propias casas, pueden elegir qué desean poner en cada cuarto. Mientras construyen, piensan en maneras de hacer que estos espacios pequeños se sientan enormes.

Las personas trabajan juntas para construir una casa pequeña.

Imagina que los nuevos dueños de una casa pequeña la están decorando.

1. Los dueños de la casa tienen un reposapiés con forma de cubo. Quieren hacer una funda nueva cosiendo cuadrados de tela. ¿Cuántos cuadrados necesitan usar para cubrir todos los lados? ¿Cómo lo sabes?

2. Una ventana de la casa tiene forma de triángulo. Los dueños desean colgar una barra atravesada para la cortina. Quieren que la ventana se divida en un trapecio y un triángulo más pequeño. Dibuja un triángulo similar al que aparece abajo. Muestra dónde deberían colgar la barra para la cortina.

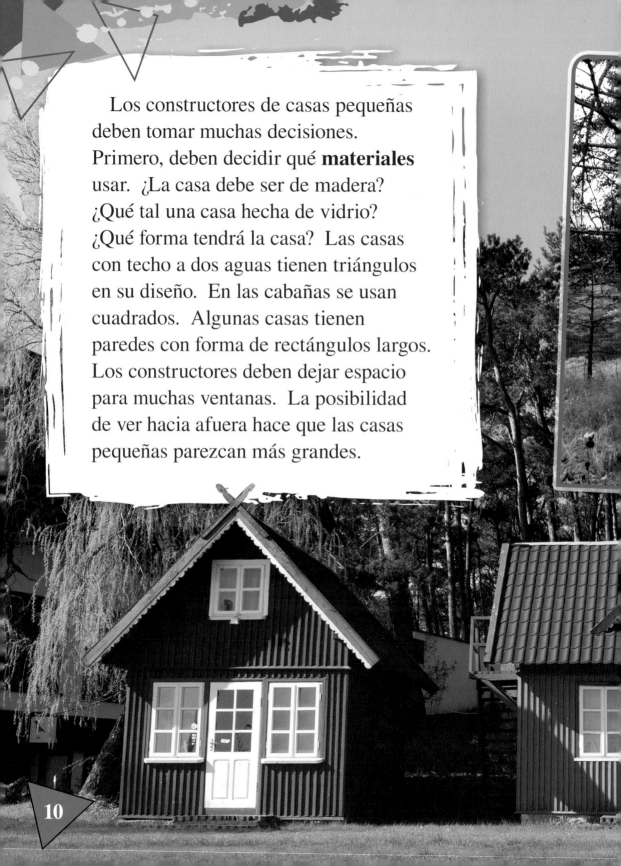

Los constructores de casas pequeñas deben tomar muchas decisiones. Primero, deben decidir qué **materiales** usar. ¿La casa debe ser de madera? ¿Qué tal una casa hecha de vidrio? ¿Qué forma tendrá la casa? Las casas con techo a dos aguas tienen triángulos en su diseño. En las cabañas se usan cuadrados. Algunas casas tienen paredes con forma de rectángulos largos. Los constructores deben dejar espacio para muchas ventanas. La posibilidad de ver hacia afuera hace que las casas pequeñas parezcan más grandes.

Esta casa pequeña está hecha de madera.

Después de construir el exterior de una casa, los constructores miran las **plantas**. Estas plantas muestran dónde irá cada habitación. Muestran a los constructores la forma de cada habitación. Los constructores se aseguran de que todas las piezas de una casa pequeña encajen. Prueban cosas nuevas. ¿Un fregadero triangular ocupará menos espacio que uno cuadrado? ¿La cama puede ser redonda? Las respuestas a preguntas como estas ayudan a los constructores a decidir qué hacer.

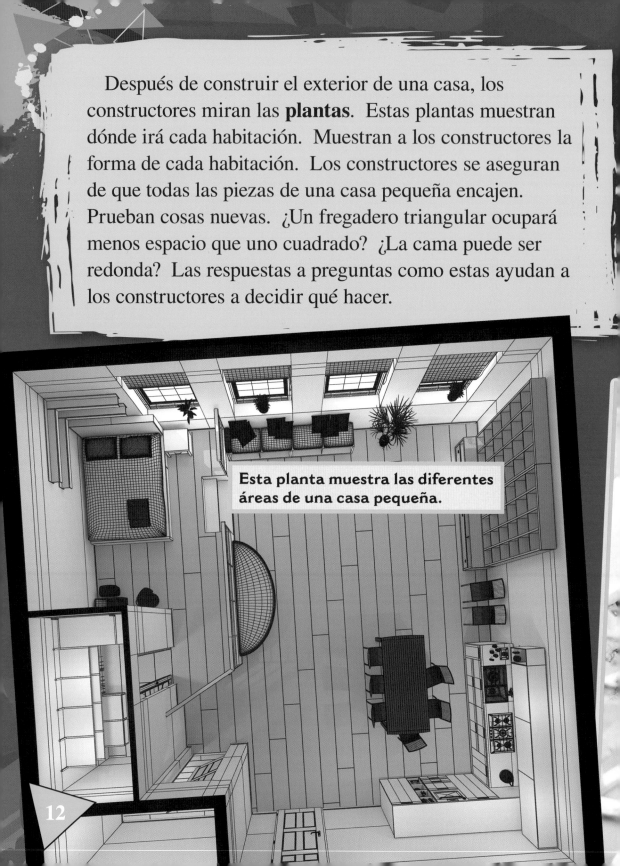

Esta planta muestra las diferentes áreas de una casa pequeña.

El constructor de una casa pequeña está listo para poner las baldosas sobre el piso de la cocina. El piso es un rectángulo.

1. Dibuja un rectángulo similar al que aparece abajo. Muestra cómo el constructor puede usar baldosas cuadradas para cubrir el piso.

2. Los dueños de la casa cambian de idea. Quieren que el piso de la cocina esté cubierto con rectángulos en lugar de cuadrados. Dibuja otro rectángulo. Muestra cómo el constructor puede usar baldosas rectangulares para cubrir el piso.

Dos constructores deciden dónde clavar un clavo.

Un hombre se sienta en su habitación en la buhardilla.

Las casas pequeñas no son largas ni anchas. Pero pueden ser altas. Los techos altos y segundos pisos agregan espacio. Los estantes y habitaciones en la **buhardilla** ofrecen muchas opciones a un lugar pequeño. Algunas casas pequeñas tienen escaleras hasta las buhardillas. Los dueños de casas pequeñas no pueden construir hacia afuera. Por eso, deben pensar en nuevas maneras de construir hacia arriba.

Un constructor instala estantes que parecen hexágonos. Los dueños desean que los estantes estén divididos en unidades de exhibición.

1. Dibuja un hexágono similar a los que se muestran. Muestra cómo puede dividirse en trapecios.

2. Los dueños quieren ver otras ideas. Dibuja otro hexágono. Muestra cómo puede dividirse en triángulos.

3. ¿Cómo puede el constructor dividir un hexágono en una combinación de triángulos y trapecios? Dibújalo para mostrar tu solución.

Ser **creativo** es parte de la diversión de vivir en una casa pequeña. Las personas podrían guardar herramientas bajo las escaleras. Podrían guardar la ropa bajo las camas. Podrían usar sus camas como sillas. Hasta podrían colocar ventanas en los techos si no hay suficiente espacio en las paredes. De ese modo, pueden permitir la entrada de luz de día y mirar las estrellas de noche.

Esta cama tiene un espacio escondido para almacenar cosas y se puede empujar bajo el piso de la cocina.

La casa pequeña de este hombre tiene una sala debajo de su oficina y dormitorio.

Esta casa se construyó sobre una roca en medio de un río.

Hacerla propia

Muchos dueños de casas pequeñas jamás habían vivido en lugares tan reducidos. Es probable que no sepan por dónde empezar. Los diseñadores pueden ayudar. Se aseguran de que la casa se construya como los dueños quieren.

Los diseñadores pueden hacer casas **permanentes**. O pueden ayudar a los dueños a llevar sus casas en camino. De ese modo, ¡siempre pueden tener un techo sobre la cabeza!

Imagina que eres el diseñador de una casa pequeña. Los dueños quieren una ventana grande en su cuarto de estar.

1. ¿Cuántas piezas cuadradas de vidrio forman la ventana?

2. ¿Qué forma tiene la gran ventana que componen las piezas cuadradas de vidrio?

Los diseñadores no solo trabajan en el exterior de las casas. También pueden hacer que el interior se vea fabuloso. Muchos diseñadores comienzan preguntándoles a los dueños qué les gusta hacer. Entonces, crean espacio para sus **pasatiempos**.

Si a los dueños les gusta pintar, pueden pedir un estante para sus pinturas. Si les gusta ver televisión, pueden esconder los televisores detrás de paredes corredizas. Estos pequeños cambios pueden hacer que una casa se sienta como un hogar.

Esta casa pequeña tiene una tele que se puede esconder cuando no se usa.

Esta casa pequeña tiene estantes para almacenamiento.

una casa pequeña
con paneles solares

¿Inteligente o extraño?

Vivir en una casa pequeña significa encontrar nuevas maneras de **resolver** problemas. Algunos agregan tela al interior de las paredes. Eso ayuda a mantener las casas cálidas. Algunos agregan **paneles solares** o jardines en los techos. De ese modo, pueden usar el sol para iluminar sus casas y cultivar alimento.

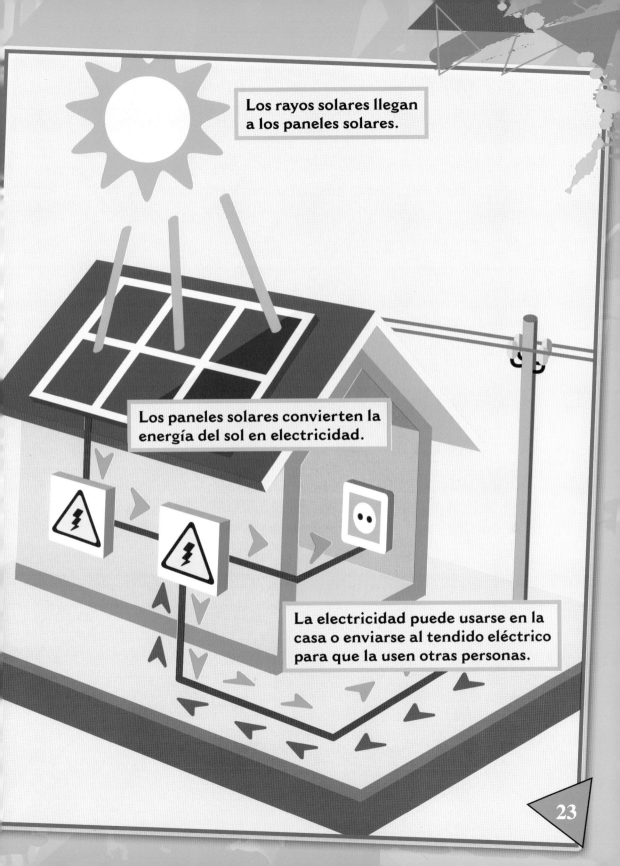

Los rayos solares llegan a los paneles solares.

Los paneles solares convierten la energía del sol en electricidad.

La electricidad puede usarse en la casa o enviarse al tendido eléctrico para que la usen otras personas.

23

Las personas usan colores claros para que las casas parezcan más grandes. Las cosas claras, como las paredes y las sillas blancas, pueden hacer que las casas se sientan menos pequeñas. El negro hará que las habitaciones parezcan pequeñas. Por eso, la mayoría de las personas no usan muchos colores oscuros. Algunos se ponen creativos y pintan arco iris en sus paredes. Un truco es hacer las paredes redondas. Así, los dueños de casas pequeñas no sienten que viven en cajas diminutas.

Las paredes blancas son comunes en las casas pequeñas.

¡Bienvenido a casa!

¿Podrías vivir en una casa pequeña? ¿La llevarías en camino o pondrías tu casa junto a un lago? Con una casa pequeña, puedes vivir en el lugar que quieras. Puedes pasar el verano junto a la playa. Luego, puedes mudarte a las montañas cuando hace frío. No a todos les gustaría vivir en una casa pequeña. Pero si la diseñas, planeas y construyes como quieres, tu casa pequeña podría convertirse en tu casa soñada.

Esta casa pequeña está sobre ruedas, por lo que los dueños pueden mudarse cuando gusten.

Esta pequeña casa en Alemania tiene una escalera para llegar al dormitorio.

🔧 Resolución de problemas

Imagina que estás planeando construir una casa pequeña. Has elegido la forma de cada habitación. Ahora, necesitas unir las habitaciones para formar la planta. Usa las figuras que se muestran para responder las consignas a continuación para tu casa pequeña.

1. El primer piso de tu casa será un rectángulo. Dibuja una planta rectangular usando la cocina, el baño, el dormitorio, el área de trabajo y el clóset.

2. El dormitorio será una buhardilla en el segundo piso.

    a. Nombra la figura del piso del dormitorio.

    b. El dormitorio estará dividido en tres áreas: una para dormir, una para leer y una para trabajar en la computadora. Muestra una manera de dividir el espacio en tres figuras y nombra cada figura.

3. El techo tendrá un jardín.

    a. Nombra la figura del jardín.

    b. El jardín tendrá sectores para flores y hortalizas. Muestra una manera de dividir la planta en dos sectores triangulares para las flores y dos sectores rectangulares para las hortalizas.

dormitorio

área de trabajo

cocina

clóset

baño

jardín

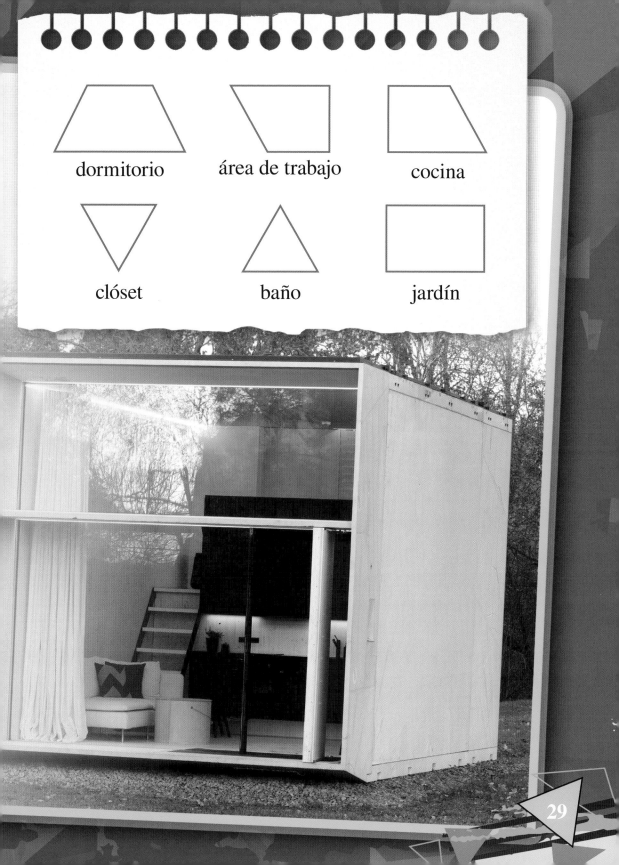

Glosario

buhardilla: un área abierta que está en el piso superior de una construcción

creativo: que puede pensar en ideas nuevas o en hacer cosas nuevas

materiales: cosas que pueden usarse para hacer o construir otras cosas

paneles solares: equipamiento plano y alargado que usa la luz del sol para crear la electricidad

pasatiempos: actividades que se hacen por diversión

permanentes: que no se mueven o cambian

plantas: dibujos que muestran las ubicaciones de las habitaciones en los edificios

residuos: algo que sobra y que no puede usarse

resolver: encontrar una respuesta a un problema

Índice

Soluciones

Exploremos las matemáticas

página 9:

1. 6 cuadrados; las respuestas variarán, pero pueden incluir que todos los cubos están formados por 6 cuadrados.

2.

página 13:

1. Los dibujos variarán. Ejemplo:

2. Los dibujos variarán. Ejemplo:

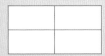

página 15:

1. Los dibujos variarán. Ejemplo:

2. Los dibujos variarán. Ejemplo:

3. Los dibujos variarán. Ejemplo:

página 19:

1. 15 piezas cuadradas de vidrio

2. rectángulo; cuadrilátero, paralelogramo

Resolución de problemas

1.

2. a. trapecio

   b. Las respuestas variarán, pero deben tener tres figuras identificadas.

3. a. rectángulo

   b. Las respuestas variarán. Ejemplo: